INDISPENSABLE A MM. LES COMMERÇANTS

La Répression des Fraudes

Recueil contenant les Lois

DÉCRETS & INSTRUCTIONS

RELATIFS A LA RÉPRESSION DES FRAUDES

DANS LE COMMERCE DES MARCHANDISES

ET DES

Falsifications des Denrées Alimentaires et des Produits Agricoles

PAR

Maurice GUICHARD

Rédacteur à la Préfecture de la Vendée

LA ROCHE-SUR-YON

E. HAMONNET, IMPRIMEUR-ÉDITEUR

7, Rue Paul-Baudry, 7

—

1908

TABLE DES MATIÈRES

La Répression des Fraudes

Recueil contenant les Lois

DÉCRETS & INSTRUCTIONS

RELATIFS A LA RÉPRESSION DES FRAUDES

DANS LE COMMERCE DES MARCHANDISES

ET DES

Falsifications des Denrées Alimentaires et des Produits Agricoles

PAR

Maurice GUICHARD

Rédacteur à la Préfecture de la Vendée

LA ROCHE-SUR-YON

E. HAMONNET, IMPRIMEUR-ÉDITEUR

7, Rue Paul-Baudry, 7

—

1908

INTRODUCTION

Le Service de la Répression des Fraudes qui a été institué en exécution de la loi du 1er août 1905 a fait provoquer depuis dix-huit mois de nombreuses poursuites contre les Commerçants de l'alimentation et des produits agricoles.

Le plus souvent ces poursuites ont été exercées contre des délinquants qui ignoraient la mise en vigueur de cette loi sur la **Répression des Fraudes.**

Aussi est-ce dans le but de remédier à cet état de choses, que nous publions aujourd'hui ce **Recueil des Lois, Décrets et Instructions,** *qui est un instrument de vulgarisation sur lequel nous comptons pour initier tous les Commerçants aux différentes connaissances qu'ils sont appelés à mettre journellement en pratique dans les diverses branches du commerce qui les concerne.*

Ces lois et décrets ont bien été publiées comme toujours, dans le Journal officiel et dans certaines revues administratives, mais ces journaux paraissant périodiquement (soit tous les jours ou tous les mois, ne contiennent pas toutes les instructions dans le même numéro.

Dans ces conditions il a paru nécessaire de mettre à la disposition du public un **Recueil** *renfermant les textes des lois et décrets qui régissent actuellement les fraudes des marchandises et les falsifications des denrées alimentaires et des produits agricoles dans le commerce.*

De plus on trouvera à la fin de cette brochure sous la rubrique **« Observations générales. — Interprétations »** *un résumé succinct des diverses prescriptions à observer dans certains cas pour lesquels des règlements n'ont pas encore été pris, ainsi que diverses interprétations de règlements.*

Nous n'avons pas la prétention d'avoir fait dès le début quelque chose d'absolument complet, mais la hâte d'aboutir nous a décidé à ne pas retarder cette publication qui est destinée à éviter **des ennuis aux Commerçants.**

Tel est le but du présent ouvrage.

Maurice GUICHARD,
Rédacteur à la Préfecture de la Vendée.

La Roche-sur-Yon, Novembre 1908.

LOIS, DÉCRETS & INSTRUCTIONS

LA RÉPRESSION DES FRAUDES

————|◈|————

Loi du 1ᵉʳ Août 1905 sur la Répression des Fraudes

———

PRINCIPALES DISPOSITIONS

ARTICLE PREMIER. — Quiconque aura trompé ou tenté de tromper le contractant :

Soit sur la nature, les qualités substantielles, la composition et la teneur en principes utiles de toutes marchandises ;

Soit sur leur espèce ou leur origine lorsque d'après la convention ou les usages, la désignation de l'espèce ou de l'origine faussement attribuées aux marchandises, devra être considérée comme la cause principale de la vente ;

Soit par la quantité des choses livrées ou sur leur identité par la livraison d'une marchandise autre que la chose déterminée qui a fait l'objet du contrat;

Sera puni de l'emprisonnement pendant trois mois au moins, un an au plus, et d'une amende de cent francs (100 francs) au moins, de cinq mille francs (5.000 francs) au plus, ou de l'une de ces deux peines seulement.

ART. 2. — L'emprisonnement pourra être porté à deux ans si le délit ou la tentative de délit prévus par l'article précédent ont été commis :

Soit à l'aide de poids, mesures et autres instruments faux ou inexacts;

Soit à l'aide de manœuvres ou procédés tendant à fausser les opérations de l'analyse ou du dosage, du pesage ou du mesurage, ou bien à modifier frauduleusement la composition, le poids ou le volume des marchandises, même avant ces opérations;

Soit enfin à l'aide d'indications frauduleuses tendant à faire croire à une opération antérieure et exacte.

Art. 3. — Seront punis des peines portées par l'article premier de la présente loi :

1° Ceux qui falsifieront des denrées servant à l'alimentation de l'homme ou des animaux, des substances médicamenteuses, des boissons et des produits agricoles ou naturels destinés à être vendus ;

2° Ceux qui exposeront, mettront en vente ou vendront des denrées servant à l'alimentation de l'homme ou des animaux, des boissons et des produits agricoles ou naturels qu'ils sauront être falsifiés ou corrompus ou toxiques ;

3° Ceux qui exposeront, mettront en vente ou vendront des substances médicamenteuses falsifiées ;

4° Ceux qui exposeront, mettront en vente ou vendront sous forme indiquant leur destination, des produits propres à effectuer la falsification des denrées servant à l'alimentation de l'homme ou des animaux, des boissons et des produits agricoles ou naturels et ceux qui auront provoqué à leur emploi par le moyen de brochures, circulaires, prospectus, affiches, annonces ou instructions quelconques.

Si la substance falsifiée ou corrompue est nuisible à la santé de l'homme ou des animaux ou si elle est toxique, de même si la substance médicamenteuse falsifiée est nuisible à la santé de l'homme ou des animaux, l'emprisonnement devra être appliqué. Il sera de trois mois à deux ans et l'amende de cinq cents francs (500 francs) à dix mille francs (10.000 francs).

Ces peines seront applicables même au cas ou la falsification nuisible serait connue de l'acheteur ou du consommateur.

Les dispositions du présent article ne sont pas applicables aux fruits frais et légumes frais fermentés ou corrompus.

Art. 4. — Seront punis d'une amende de cinquante francs 50 francs) à trois mille francs (3.000 francs) et d'un emprisonnement (de six jours au moins et de trois mois au plus, ou de l'une de ces deux peines seulement :

Ceux qui, sans motifs légitimes, seront trouvés détenteurs dans leurs magasins, boutiques, ateliers, maisons ou voitures servant à leur commerce ainsi que dans les entrepôts abattoirs et leurs dépendances et dans les gares ou dans les halles, foires et marchés ; soit de poids ou mesures faux ou autres appareils inexacts servant au pesage ou au mesurage des marchandises ;

Soit de denrées servant à l'alimentation de l'homme ou des animaux, de boissons, de produits agricoles ou naturels qu'ils savaient être falsifiés, corrompus ou toxiques ;

Soit de substances médicamenteuses falsifiées ;

Soit de produits, sous forme indiquant leur destination, propres à effectuer la falsification des denrées servant à l'alimentation de l'homme ou des animaux, ou des produits agricoles ou naturels.

Si la substance alimentaire falsifiée ou corrompue est nuisible à la santé de l'homme ou des animaux ou si elle est toxique, de même si la substance médicamenteuse falsifiée est nuisible à la santé de l'homme ou des animaux, l'emprisonnement devra être appliqué.

Il sera de trois mois à un an et l'amende de cent francs (100 fr.) à cinq mille francs (5.000 fr.)

Les dispositions du présent article ne sont pas applicables aux fruits frais et légumes frais fermentés ou corrompus.

ART. 5. — Sera considéré comme étant en état de récidive légale quiconque ayant été condamné par application de la présente loi ou par application des lois sur les fraudes dans la vente :

1° Des engrais (loi du 4 février 1888);

2° Des vins, cidres et poirés (lois des 14 août 1889, 11 juillet 1891, 24 juillet 1894, 6 avril 1897);

3° Des sérums thérapeutiques (loi du 25 avril 1895);

4° Des beurres (loi du 16 avril 1897);

5° De la saccharine (art 49 et 53 de la loi du 30 mars 1902);

6° Des sucres (loi du 28 janvier 1903, art. 7, loi du 31 mars 1903, art. 32).

Aura, dans les cinq ans qui suivront la date à laquelle cette condamnation sera devenue définitive, commis un nouveau délit tombant sous l'application de la présente loi ou des lois sus visées.

Au cas de récidive, les peines d'emprisonnement et d'affichage devront être appliquées.

ART. 6. — Les objets dont la vente, usage ou détention constituent le délit, s'ils appartiennent encore au vendeur ou détenteur seront confisqués; les poids et autres instruments de pesage, mesurage ou dosage, faux ou inexacts, devront être aussi confisqués et, de plus seront brisés.

Si les objets confisqués sont utilisables, le tribunal pourra les mettre à la disposition de l'administration pour être attribués aux établissements d'assistance publique.

S'ils sont inutilisables ou nuisibles, les objets seront détruits ou répandus aux frais du condamné.

Le tribunal pourra ordonner que la destruction ou effusion aura lieu devant l'établissement ou le domicile du condamné.

ART. 7. — Le tribunal pourra ordonner, dans tous les cas, que le jugement de condamnation sera publié intégralement ou par extraits dans les journaux qu'il désignera et affiché dans les lieux qu'il indiquera, notamment aux portes du domicile, des magasins, usines et ateliers du condamné, le tout aux frais du condamné, sans toutefois que les frais de cette publication puissent dépasser le maximum de l'amende encourue.

Lorsque l'affichage sera ordonné, le tribunal fixera les dimensions de l'affichage et les caractères typographiques qui devront être employés pour son impression.

En ce cas et dans tous les autres cas où les tribunaux sont autorisés à ordonner l'affichage de leurs jugements à titre de pénalités pour la répression des fraudes, ils devront fixer le temps pendant lequel cet affichage devra être maintenu, sans que la durée en puisse excéder 7 jours.

Au cas de suppression, de dissimulation ou de lacération totale ou partielle des affiches ordonnées par le jugement de condamnation, il sera procédé de nouveau à l'exécution intégrale des dispositions du jugement relatives à l'affichage.

Lorsque la suppression, la dissimulation ou la lacération totale ou partielle aura été opérée volontairement par le condamné, à son instigation ou par ses ordres, elle entraînera contre celui-ci l'application d'une peine d'amende de cinquante francs (50 francs) à mille francs (1.000 francs).

La récidive de suppression, de dissimulation ou de lacération volontaire d'affiches par le condamné, à son instigation ou par ses ordres sera punie d'un emprisonnement de six jours à un mois et d'une amende de cent francs (100 francs) à deux mille francs (2.000 francs).

Lorsque l'affichage aura été ordonné à la porte des magasins du condamné, l'exécution du jugement ne pourra être entravée par la vente du fonds de commerce réalisée postérieurement à la première décision qui a ordonné l'affichage.

Art. 8. — Toute poursuite exercée en vertu de la présente loi devra être continuée et terminée en vertu des mêmes textes.

L'article 463 du code pénal sera applicable même au cas de récidive, aux délits prévus par la présente loi.

Le tribunal, en cas de circonstances atténuantes, pourra ne pas ordonner l'affichage et ne pas appliquer l'emprisonnement.

Le sursis à l'exécution des peines d'amende édictées par la présente loi ne pourra être prononcé en vertu de la loi du 26 mars 1891.

....

ORGANISATION ET FONCTIONNEMENT DU SERVICE
DES PRÉLÈVEMENTS

En vue d'assurer l'exécution de la loi du 1er août 1905, un décret à été pris à la date du 31 juillet 1906 et a confié le fonctionnement de ce service sous l'autorité du Ministre de la Justice, du Ministre de l'Agriculture et du Ministre du Commerce, de l'Industrie et du Travail, dans les départements par les Préfets, à Paris et dans le ressort de la préfecture de police par le Préfet de police.

Les autorités qui ont qualité pour opérer des prélèvements sont :

Les Commissaires de police ;

Les Commissaires de la police spéciale des chemins de fer et des ports ;

Les Agents des contributions indirectes et des douanes ;

Les Inspecteurs des halles, foires marchés et abattoirs ;

Les Agents des octrois et les Vétérinaires sanitaires ;

Enfin, des Agents spéciaux désignés soit par des Syndicats professionnels, ou par des Maires ; toutefois ces Agents doivent être agréés et commissionnés par les Préfets.

Une Commission permanente est instituée près des ministères cités plus haut, pour l'examen des questions d'ordre scientifique que comporte l'application de la loi du 1er août 1905.

Cette commission est obligatoirement consultée pour la détermination des conditions matérielles des prélèvements, l'organisation des laboratoires et la fixation des méthodes d'analyse à imposer à ces établissements.

En toutes circonstances des prélèvements d'échantillons peuvent être opérés d'office dans les magasins, boutiques, ateliers, voitures servant au commerce, ainsi que dans les entrepôts, les abattoirs et leurs dépendances, les halles, foires et marchés, et dans les gares ou ports de départ et d'arrivée.

Les entrepreneurs de transports sont tenus de n'apporter aucun obstacle aux réquisitions pour prises d'échantillons et de représenter les titres de mouvement, lettres de voitures, récépissés, connaissements et déclarations dont ils sont détenteurs.

Chaque prélèvement doit comporter quatre échantillons, l'un est destiné au laboratoire pour analyse, les trois autres aux experts en cas d'infraction.

Pour chaque prélèvement il doit être dressé sur papier libre, un procès verbal relatant les noms, prénoms, qualité et résidence de l'agent verbalisateur, la date, l'heure et le lieu où le prélèvement a été opéré; les nom, prénoms, profession, domicile ou résidence de la personne chez laquelle cette opération a eu lieu. En cas ou le prélèvement a lieu en cours de route, les noms et domiciles des personnes figurant sur les lettres de voitures ou connaissements comme expéditeurs et destinataires.

Le procès-verbal, doit en outre, relater un exposé succinct des circonstances dans lesquelles le prélèvement a été opéré; les marques et étiquettes apposées sur les enveloppes ainsi que toutes les indications suceptibles d'établir l'authenticité des échantillons prélevés doivent également être contenues dans le procès-verbal.

De son côté, le détenteur ou propriétaire de la marchandise, peut y faire insérer toutes les indications qu'il jugera utiles.

Tout échantillon prélevé doit être mis sous scellés, appliqués sur une étiquette divisée en deux parties pouvant se séparer et être ultérieurement rapprochées.

1° Un talon qui n'est enlevé que par le chimiste au laboratoire, après vérification du scellé, ce talon indique seulement la nature du produit, la dénomination sous laquelle il est mis en vente, la date du prélèvement, le numéro du procès-verbal ainsi que le numéro sous lequel les échantillons sont enregistrés au moment de leur réception par le service administratif.

2° Un volant qui porte ces mêmes mentions, mais où sont inscrits, de plus, les nom et adresse du détenteur ou propriétaire de la marchandise prélevée, ou en cas de prélèvement fait en cours de route, ceux des expéditeurs et destinataires.

Ce volant doit être signé par l'auteur du procès-verbal.

La valeur des échantillons prélevés doit être mentionnée dans le procès-verbal.

Un récépissé détaché d'un livre à souche doit être remis au propriétaire ou détenteur, la valeur déclarée y est également mentionnée.

En cas de prélèvement en cours de route, le représentant de

l'entreprise reçoit pour sa décharge un récépissé indiquant la nature et la quantité des marchandises prélevées.

Le procès-verbal et les échantillons sont ensuite adressés à la Préfecture du département où le prélèvement a été effectué, à Paris à la Préfecture de police.

Le service administratif, à la réception de ce dépôt, inscrit le numéro d'entrée sur les deux parties de l'étiquette que porte chaque échantillon et transmet ensuite l'un de ces échantillons au laboratoire pour analyse en ayant eu le soin d'y laisser le talon seul.

L'autre partie est annexée au procès-verbal et les trois autres échantillons conservés jusqu'à la réception du résultat de l'analyse.

Si le rapport du laboratoire ne révèle aucune infraction à la loi du 1er août 1905, le Préfet en avise sans délai l'intéressé.

Si le remboursement des échantillons est demandé, il est effectué d'après la valeur indiquée sur le récépissé délivré le jour du prélèvement par l'auteur du procès-verbal. Ce récépissé ainsi que la lettre d'avis adressée par la Préfecture, doivent donc être envoyés à cette administration pour obtenir le dit remboursement.

Dans le cas où le rapport du laboratoire signale une infraction à la loi du 1er août 1905, le Préfet le transmet au Procureur de la République accompagné du procès-verbal et des trois échantillons qui avaient été réservés.

Si cette infraction concerne des bières, cidres, alcools, liqueurs, vins, avis en est donné par le Préfet au Directeur des Contributions indirectes.

FONCTIONNEMENT DE L'EXPERTISE CONTRADICTOIRE

L'auteur présumé de la fraude est informé par le Procureur de la République qu'il est l'objet d'une poursuite. Il lui fait savoir qu'il peut prendre communication du rapport du Directeur du laboratoire, et qu'un délai de trois jours lui est imparti pour faire connaître s'il réclame l'expertise contradictoire prévue à l'article 12 de la loi du 1er août 1905.

En cas d'expertise, deux experts doivent être désignés, l'un par le juge d'instruction, l'autre par la personne contre laquelle l'instruction est ouverte. Toutefois cette dernière personne peut s'en rapporter aux conclusions de l'expert désigné par le juge et peut de ce fait renoncer au choix d'un deuxième expert.

Ces experts sont choisis sur les listes spéciales de chimistes experts dressées par la Cour d'Appel ou le Tribunal Civil d'où provient la marchandise suspecte.

Chaque expert, mis en possession d'un échantillon, le juge d'instruction leur communique les procès-verbaux ainsi que toutes les pièces fournies par l'intéressé ou que le juge s'est fait remettre.

Les experts opèrent, à leur gré, ensemble ou séparément, chacun d'eux étant libre d'employer les procédés qui lui paraissent le mieux appropriés.

Leurs conclusions sont formulées dans des rapports qui sont déposés dans le délai indiqué par le magistrat.

Dans le cas ou les experts sont en désaccord, ils désignent un troisième expert pour les départager.

A défaut d'entente pour la désignation de ce tiers expert, il appartient au Président du tribunal d'y procéder d'office.

Ce tiers expert peut être choisi en dehors des listes officielles.

Des dégustateurs peuvent également être choisis dans les mêmes conditions que les experts.

En cas de non lieu ou d'acquittement, le remboursement de la valeur des échantillons peut être demandé.

Instructions concernant les Vins, les Vins mousseux, les Eaux-de-Vie et Spiritueux

(Décret du 3 Septembre)

VINS. — Aux termes de l'article premier du décret du 3 septembre 1907, aucune boisson ne peut être détenue ou transportée en vue de la vente, mise en vente ou vendue sous le nom de vin que si elle provient exclusivement de la fermentation du raisin frais ou du jus de raisin frais.

Les manipulations et pratiques qui ont pour objet de modifier l'état naturel du vin, dans le but soit de tromper l'acheteur sur les qualités substantielles ou l'origine du produit, soit d'en dissimuler l'altération, sont considérées comme frauduleuses et en conséquence poursuivies conformément à l'article 3 de la loi du 1er août 1905, et l'article 4 de la loi du 29 juin 1907.

Mais d'un autre côté les opérations ci-après désignées qui ont uniquement pour objet la vinification régulière ou la conservation des vins *sont permises*, savoir :

1° En ce qui a trait aux vins :

Le coupage des vins entre eux ;

La congélation des vins en vue de leur concentration partielle ;

La pasteurisation ;

Les collages au moyen de clarifiants consacrés par l'usage tels que l'albumine pure, le sang frais, la caséine pure, la gélatine pure ou la colle de poisson ;

L'addition du tannin dans la mesure indispensable pour effectuer le collage au moyen des albumines ou de la gélatine.

La clarification des vins blancs tachés, au moyen du charbon pur ;

Le traitement par l'anhydride sulfureux pur provenant de la combustion du soufre et par les bisulfites alcalins cristallisés purs. Les quantités employées doivent être telles que le vin ne retienne par plus de 350 milligrammes d'anhydride sulfureux, libre et combiné *par litre*,

En aucun cas, les bisulfites alcalins ne peuvent être employés à une dose supérieure à 20 grammes par hectolitre.

2° En ce qui concerne les moûts :

Indépendamment de l'emploi du plâtre et du sucre dans les limites fixées par les lois du 11 juillet 1891 et du 28 janvier 1903.

Le traitement par l'anhydride sulfureux et par les bisulfites alcalins dans les conditions fixées pour les vins.

L'addition de tannin ;

L'addition à la cuve d'acide tartrique cristallisé pur dans les moûts insuffisament acides. L'emploi simultané de l'acide tartrique et du sucre est interdit, l'emploi des levures sélectionnées.

Il doit être apposé d'une manière apparente, dans les établissements ou s'exerce le commerce en détail des vins, sur les récipients, emballages, casiers ou fûts, une inscription indiquant la dénomination sous laquelle le vin est mis en vente.

Pour les vins de consommation courante il n'est pas nécessaire que les bouteilles qui sont servies sur place ou emportées par l'acheteur soient munies de cette inscription.

Ces inscriptions doivent être faites sans abréviation et de façon à ne pas dissimuler la dénomination du produit.

VINS MOUSSEUX

Les mêmes dispositions sont maintenues pour les vins mousseux en ce qui concerne la vente et la mise en vente ainsi que les manipulations.

Toutefois sont permises :

Les manipulations et traitements connus sous le nom de méthode champenoise.

La gazéification par addition d'acide carbonique pur.

Le vin intitulé *Vin mousseux* ne peut être mis en vente, vendu transporté en vue de la vente ou détenu que si son effervescence résulte d'une seconde fermentation alcoolique en bouteille, soit spontanée, soit produite suivant la méthode champenoise.

Il n'est pas interdit d'employer le mot *mousseux* lorsque l'effervescence d'un vin est produite même partiellement, par l'addition d'acide carbonique, mais à la condition d'y ajouter le terme *fantaisie* ou d'un autre terme différenciant ce vin des vins mousseux proprement dits, afin d'éviter qu'aucune confusion ne soit possible dans l'esprit de l'acheteur sur le mode de fabrication employé, la nature ou l'origine du produit.

Dans ces inscriptions et marques figurant sur les récipients le mot *mousseux* et le qualificatif qui l'accompagne doivent être imprimés en *caractères identiques*.

EAUX-DE-VIE ET SPIRITUEUX

Le même décret interdit de détenir ou de transporter en vue de la vente, de mettre en vente et de vendre sous les dénominations ci-dessous, des produits autres que ceux ayant un droit exclusif à ces dénominations.

Les dénominations d'eaux-de-vie de vin, d'alcool de vin, ou d'esprit de vin doivent être réservées aux produits provenant de la distillation exclusive du vin tel qu'il est défini plus haut.

Les dénominations d'eaux-de-vie de cidre ou de poiré doivent être réservées aux produits qui proviennent de la distillation exclusive des cidres et des poirés.

La dénomination d'eau-de-vie de marc ou de marc doit être réservée à l'eau-de-vie provenant de la distillation exclusive des marcs de raisin frais additionnés ou non d'eau.

La dénomination de kirsch doit être réservée au produit exclusif de la fermentation alcoolique et de la distillation des cerises ou des mérises.

Les dénominations d'eaux-de-vie de prunes, mirabelles, quetsch ou de tous autres fruits, doivent être réservées au produit exclusif de la fermentation alcoolique et de la distillation des dits fruits.

La dénomination de genièvre est réservée à la boisson alcoolique obtenue dans les conditions prévues à l'art. 15 de la loi du 30 mars 1902, par la distillation simple en présence de baies de genièvre, du moût fermenté de seigle, de blé, d'orge ou d'avoine.

La dénomination de rhum ou de tafia est réservée au produit exclusif de la fermentation alcoolique et de la distillation soit du jus de la canne à sucre, soit des mélasses ou sirops de la fabrication du sucre à canne.

Lorsque ces produits ne proviennent pas en totalité d'une même région ou d'un même cru, ils ne peuvent être désignés sous l'appellation réservée aux produits de cette région ou de ce cru particulier.

Les mélanges d'eaux-de-vie de cidre, de poire, de prunes mirabelles, quetsch ou de tous autres fruits avec de l'eau-de-vie de vin ou avec des alcools d'industrie ainsi que les mélanges d'eaux-de-vie de vin et d'alcools d'industrie peuvent être désignés sous le nom d'eaux-de-vie.

Les mélanges d'eau-de-vie de marc, de kirsch, de rhum ou de tafia avec des eaux-de-vie ou avec des alcools d'industrie, peuvent être désignés sous leur nom spécifique, mais accompagné du terme « fantaisie » ou d'un qualificatif les différenciant des produits déjà cités, de façon qu'aucune confusion ne puisse se produire dans l'esprit de l'acheteur sur la nature ou l'origine des produits.

Pour ces spiritueux, les inscriptions et marques servant à les désigner, devront être imprimées en *caractères identiques*.

Sont considérées comme frauduleuses les manipulations et pratiques destinées à modifier l'état naturel des eaux-de-vie et spiritueux dans le but de tromper l'acheteur sur les qualités substantielles, la composition ou l'origine de ces produits.

Le fait d'exposer, de mettre en vente ou de vendre sous forme indiquant leur destination ou leur emploi, tous produits de composition secrète ou non, pouvant servir à effectuer les manipulations ou opérations ci-dessus indiquées rentre donc dans le cas prévu par l'article 3 de la loi du 1er août 1905.

Les bouteilles, récipients et emballages renfermant ces produits doivent donc, dans tous les établissements où s'exerce le commerce de détail, porter des étiquettes indiquant la dénomination sous laquelle ces produits sont mis en vente ou détenus en vue de la vente.

Cette inscription doit être rédigée sans abréviation et disposée de façon à ne pas dissimuler la dénomination du produit.

De plus il est interdit à toute personne qui se livre au commerce des vins ou des eaux-de-vie et spiritueux, de faire figurer sur ses étiquettes, marques, factures, papiers de commerce, emballages et récipients, la mention propriétaire à... viticulteur à... négociant à... ou commerçant à... suivie du nom d'une région ou d'un cru particulier sur le territoire desquels elle ne possède ni propriété, ni vignoble, ni établissement commercial.

Un nom de localité constituant une appellation désignant un produit qui a un droit exclusif à cette appellation, les propriétaires, viticulteurs, négociants ou commerçants résidant dans cette localité, quand ils mettent en vente ou vendent un produit n'ayant pas droit à la dite appellation, ne peuvent faire figurer, sur leurs étiquettes, marques, factures, papiers de commerce, emballages et récipients le nom de la dite localité qu'à condition de le faire précéder des mots propriétaire à... viticulteur à... négociant à... ou commerçant à... suivis de l'indication du département où est situé la localité, le tout imprimé en caractères identiques.

L'emploi de toute indication ou signe susceptible de créer dans l'esprit de l'acheteur une confusion sur la nature ou sur l'origine des produits visés par le décret du 3 septembre 1907 lorsque d'après la convention ou les usages la désignation de l'origine attribuée à ces produits devra être considérée comme la cause principale de la vente, est interdit en toutes circonstances et sous quelque forme que ce soit notamment :

1º Sur les récipients et emballages;

2º Sur les étiquettes, capsules, bouchons, cachets ou tout autre appareil de fermeture;

3º Dans les papiers de commerce, factures, catalogues, prospectus, prix-courants, enseignes, affiches, tableaux-réclames, annonces ou tout autre moyen de publicité.

Ce décret devait être exécutoire dans un délai de six mois du jour de sa publication.

Il est donc applicable depuis le 3 février 1908.

Bières

(Décret du 28 Juillet 1908)

Il est interdit de détenir ou de transporter en vue de la vente, de mettre en vente sous la dénomination de *bière* un produit autre que la boisson obtenue par la fermentation alcoolique d'un moût fabriqué avec du houblon et du malt d'orge pur ou associé à un poids au plus égal de malt provenant d'autres céréales, de matières amylacées, de sucre interverti ou de glucose.

La bière provenant d'un moût dont la densité est inférieure à deux degrés doit être désignée sous le nom de *petite bière*.

Les manipulations ci-dessous ne sont pas considérées comme frauduleuses :

1° La clarification, soit en chaudière, soit pendant ou après la fermentation, à l'aide des substances dont l'emploi est déclaré licite.

2° La pasteurisation ;

3° L'addition du tannin dans la mesure indispensable pour effectuer le collage ;

4° La coloration au moyen du caramel ou d'extraits obtenus par torréfaction des céréales et substances dont l'emploi est autorisé dans la fabrication de la bière.

5° Le traitement par l'anhydride sulfureux pur provenant de la combustion du soufre, et par les bisulfites purs, à la double condition que la bière ne retienne pas plus de 50 milligrammes d'anhydride sulfureux, libre et combiné par litre, et que l'emploi des bisulfites soit limité à cinq grammes par hectolitre.

Est interdite l'addition à la bière de tous antiseptiques autres que l'anhydride sulfureux, les bisulfites et ceux qui pourront être ultérieurement autorisés par les Ministres de l'Intérieur et de l'Agriculture.

Il est interdit de détenir en vue de la vente de mettre en vente ou de vendre des produits désignés sous une appellation ou dans des termes de nature à faire croire que les boissons préparées à l'aide de ces produits peuvent être légalement mélangées à la bière ou même vendues séparément comme bière.

Les produits présentés au public comme pouvant servir, soit à la fabrication des moûts, soit aux manipulations et pratiques autorisées doivent être désignés sous une appellation faisant connaître expressément la nature et la composition de ces produits.

Pour les inscriptions sur les bouteilles et récipients les mêmes formalités que pour les vins sont exigées.

Le décret dont il s'agit doit recevoir son application six mois après sa publication, c'est-à-dire le 28 janvier 1909.

Cidres et Poirés

(Décret du 28 Juillet 1908)

ARTICLE PREMIER. — Aucune boisson ne peut être détenue ou transportée en vue de la vente, mise en vente ou vendue : 1° sous le nom de cidre si elle ne provient exclusivement de la fermentation du jus de pommes fraîches ou d'un mélange de pommes et de poires fraîches extrait avec ou sans addition d'eau potable, 2° sous le nom de poiré, si elle ne provient exclusivement de la fermentation du jus de poires fraîches, extrait avec ou sans addition d'eau potable.

ART. 2. — La dénomination de cidre pur jus ou poiré pur jus est réservée au cidre ou au poiré obtenu sans addition d'eau.

La dénomination de cidre ou poiré est réservée au cidre ou poiré contenant au moins :

3 degrés 5 d'alcool acquis ou en puissance ;

12 grammes d'extrait sec à 100 degrés (sucre déduit) par litre ;

1 gramme 2 de matières minérales (cendres) par litre.

Tout cidre ou poiré présentant dans sa composition des quantités d'alcool, d'extrait ou de matières minérales inférieures à l'une quelconque des limites fixées par le présent règlement doit être dénommé petit cidre ou petit poiré.

Sont considérées comme frauduleuses les manipulations et pratiques qui ont pour objet de modifier la composition du cidre et du poiré définis à l'article ci-dessus, dans le but soit de tromper l'acheteur sur les qualités substantielles ou l'origine du produit, soit d'en dissimuler l'altération.

· ·

ART. 4. — Ne constituent pas des manipulations ou pratiques frauduleuses, aux termes de la loi du 1ᵉʳ août 1905, les opérations ci-après énumérées qui ont uniquement pour objet la préparation régulière ou la conservation des cidres et poirés.

1° En ce qui concerne les cidres et les poirés :

Le coupage des cidres entre eux ;

Le coupage des poirés entre eux ;

Le coupage des cidres avec des poirés ;

L'emploi du sucre (saccharose) en vue de l'édulcoration des cidres et poirés ou de la préparation des cidres et poirés mousseux ;

Les collages au moyen de clarifiants tels que l'albumine pure, la caséine pure, la gélatine pure ou la colle de poisson, ou tout autre produit dont l'usage pourra être déclaré licite par arrêté pris de concert par les Ministres de l'Intérieur et de l'Agriculture, sur l'avis du Conseil supérieur d'hygiène publique et de l'Académie de médecine ;

L'addition de tannin ;

La pasteurisation ;

Le traitement par l'anhydride sulfureux pur provenant de la combustion du soufre et par les bisulfites alcalins cristallisés purs, à la double condition que le cidre ou poiré ne retienne pas plus de 100 milligrammes d'anhydride sulfureux, libre ou combiné, par litre, et que l'emploi des bisulfites alcalins soit limité à 10 grammes par hectolitre ;

L'addition d'acide tartrique ou d'acide citrique à la dose maximum de 500 milligrammes par litre ;

La coloration à l'aide de la cochenille, du caramel, d'infusion de chicorée, ou de toute autre substance colorante dont l'emploi pourra être déclaré licite dans les formes fixées au paragraphe 6 du présent article.

2° En ce qui concerne les moûts :

L'addition du sucre (saccharose);

L'addition de tannin, de phosphate d'ammoniaque cristallisé pur et de phosphate de chaux pur ;

Le traitement par l'anhydride sulfureux et les bisulfites alcalins, dans les conditions fixées ci-dessus pour les cidres et poirés;

L'emploi des levures sélectionnées.

Art. 5. — Aucun cidre ou poiré ne peut être détenu ou transporté en vue de la vente, mis en vente ou vendu sous la seule dénomination de « cidre mousseux » ou « poiré mousseux » que si son effervescence résulte d'une prolongation de la fermentation alcoolique.

Lorsque l'effervescence d'un cidre ou d'un poiré est produite même partiellement, par l'addition d'acide carbonique, il n'est pas interdit d'employer dans sa dénomination le mot « mousseux » mais à la condition qu'il soit accompagné du terme « fantaisie » ou d'un qualificatif différenciant ce cidre ou poiré de ceux prévus à l'alinéa précédant de telle façon qu'aucune confusion ne soit possible dans l'esprit de l'acheteur sur le mode de fabrication employé, la nature ou l'origine du produit.

Dans les inscriptions et marques figurant sur les récipients, le mot « mousseux » et le qualificatif qui l'accompagne ou le terme « fantaisie » doivent être imprimés en caractères identiques.

Art. 6. — Dans les établissements où s'exerce le commerce de détail des cidres et poirés, il doit être apposé, d'une manière apparente, sur les récipients, emballages, casiers ou fûts, une inscription indiquant la dénomination sous laquelle le cidre ou le poiré est mis en vente.

Cette inscription n'est pas obligatoire pour les bouteilles ou récipients dans lesquels le cidre ou le poiré est emporté, séance tenante, par l'acheteur ou servi par le vendeur pour être consommé sur place.

Les inscriptions doivent être rédigées sans abréviation et disposées de façon à ne pas dissimuler la dénomination du produit.

Art. 7. — L'emploi de toute indication ou signe susceptible de créer dans l'esprit de l'acheteur, une confusion sur la nature ou sur l'origine des cidres et poirés lorsque d'après la convention ou les usages la désignation de l'origine attribuée à ces boissons devra être considérée comme la cause principale de la vente est interdit en toute circonstance et sous quelque forme que ce soit; notamment :

1° Sur les récipients et emballages ;

2° Sur les étiquettes, capsules, bouchons, cachets ou tout autre appareil de fermeture ;

3° Dans les papiers de commerce, factures, catalogues, prospectus, prix-courants, enseignes, affiches, tableaux-réclames, annonces ou tout autre moyen de publicité.

Art. 8. — Un délai de 6 mois à dater de la publication du présent règlement, est accordé aux intéressés pour se conformer aux prescriptions des articles 5, 6 et 7 en ce qui concerne les inscriptions réglementaires.

Liqueurs et Sirops

(Décret du 28 Juillet 1908)

Article Premier. — La dénomination de « liqueur » est réservée aux eaux-de-vie ou alcools aromatisés, soit par macération de substances végétales, soit par distillation en présence de ces mêmes substances, soit par addition des produits de la distillation des dites substances en présence de l'alcool ou de l'eau, soit par l'emploi combiné de ces divers procédés. Les préparations ainsi obtenues peuvent être édulcorées au moyen de sucre, de glucose ou de miel.

Art. 2. — Il est interdit de détenir ou de transporter en vue de la vente, de mettre en vente ou de vendre sous les dénominations fixées au présent article, des produits autres que ceux ayant, aux termes du dit article, un droit exclusif à ces dénominations :

1° La dénomination de « sirop » ou de « sirop de sucre est réservée aux dissolutions de sucre (saccharose) dans l'eau ;

2° La dénomination de « sirop » accompagnée de l'indication de l'espèce ou des espèces prédominantes de fruits entrant dans la fabrication est réservée aux sirops composés de sucre ou de sirop de sucre et de jus de fruits.

Toutefois, la dénomination de « sirops de citron » de « limon » ou « d'orange » peut s'appliquer aux sirops composés de sirop de sucre additionné d'acide citrique et de l'alcool et de ces fruits ou de leur essence.

3° La dénomination de « sirop de grenadine » est réservée au sirop de sucre, additionnée d'acide citrique ou d'acide tartrique et aromatisé au moyen de substances végétales ;

4° La dénomination de « sirop d'orgeat » est réservée au sirop composé de sucre et de lait d'amendes ;

5° La dénomination de « sirop de moka » ou de sirop de café est réservée au sirop de sucre additionné d'extrait de café ;

6° La dénomination de « sirop de gomme » est réservée au sirop de sucre additionné de gomme arabique ou de gomme du Sénégal dans la proportion minimum de 20 grammes par litre.

Art. 3. — Doivent être désignés sous leur nom spécifique suiv[i] du terme « fantaisie » ou de tout autre qualificatif différenciant le produit de ceux visés à l'article précédent :

1° Les sirops dans la préparation desquels le glucose est substitué même partiellement au sucre (saccharose) ;

2° Les sirops additionnés d'acide tartrique autres que le sirop de grenadine ;

3° Les sirops additionnés d'acide citrique autre que les sirops de citron, de limon, d'orange ou de grenadine.

ART. 4. — L'emploi dans la fabrication des liqueurs et des sirops, de matières colorantes, est autorisé dans les conditions fixées à l'article 7 ci-dessous, sans qu'il soit nécessaire de faire mention de cet emploi dans la dénomination spécifique du produit.

Toutefois, lorsque les liqueurs ou les sirops de cassis, de cerises, de mérises, de groseilles ou de framboises ont été additionnés d'une matière colorante, leur dénomination spécifique doit être accompagnée du qualificatif « coloré » ou du terme « fantaisie ».

ART. 5. — Lorsque l'arome des liqueurs ou des sirops est obtenu, même partiellement, par addition de produits chimiques, dans les conditions fixées à l'article 7 ci-dessous, les liqueurs et sirops doivent être désignés sous leur nom spécifique accompagné du qualificatif « artificiel ».

ART. 6. — Dans les inscriptions et marques servant à désigner les produits visés au présent décret, la dénomination du produit et le qualificatif qui l'accompagne ou les termes « fantaisie » « coloré » ou « artificiel » doivent être imprimés en *caractères identiques*.

ART. 7. — Est interdit l'emploi, dans la fabrication des liqueurs et sirops :

1° De matières colorantes autres que celles dont l'usage est déclaré licite par arrêté pris de concert, par les Ministres de l'Intérieur et de l'Agriculture, sur l'avis du Conseil supérieur d'hygiène publique et de l'Académie de médecine ;

2° De produits chimiques aromatiques et de substances amères autres que ceux autorisés dans les conditions ci-desssus et sans préjudice des interdictions spéciales édictées par l'article 17 de la loi sus-visée du 30 janvier 1907 ;

3° De produits antiseptiques dont l'emploi ne serait pas déclaré licite dans les formes fixées au paragraphe premier du présent article.

4° De résines, en ce qui concerne les absinthes.

ART. 8. — Dans les établissements où s'exerce le commerce de détail des liqueurs et sirops, il doit être apposé d'une manière apparente sur les récipients, emballages, casiers ou fûts, une inscription indiquant la dénomination sous laquelle les liqueurs et sirops sont mis en vente.

Les inscriptions doivent être rédigées sans abréviation et disposées de façon à ne pas dissimuler la dénomination du produit.

ART. 9. — L'emploi de toute indication ou signe susceptible de créer dans l'esprit de l'acheteur une confusion sur la nature ou sur l'origine des produits visés au présent décret, lorsque d'après la convention ou les usages la désignation de l'origine attribuée à ces produits devra être considérée comme la cause principale de la vente, est interdite en toutes circonstances et sous quelque forme que ce soit, notamment :

1° Sur les récipients et emballages ;

2° Sur les étiquettes, capsules, bouchons, cachets ou tout autre appareil de fermeture ;

3° Dans les papiers de commerce, factures, catalogues, prospectus, prix-courants, enseignes, affiches, tableaux-réclames, annonces ou tout autre moyen de publicité.

ART. 10. — Un délai de 6 mois, à dater de la publication du présent règlement, est accordé aux intéressés pour se conformer aux prescriptions des articles 3, 4, 5, 6, 8 et 9, en ce qui concerne les inscriptions réglementaires.

Vinaigres

(Décret du 28 juillet 1908)

ARTICLE PREMIER. — La dénomination de « vinaigre » est réservée au produit obtenu par la fermentation acétique de boissons ou dilutions alcooliques et renfermant au moins 6 °/₀ d'acide acétique.

ART. 2. — Il est interdit de détenir ou de transporter en vue de la vente, de mettre en vente ou de vendre sous la dénomination de « vinaigre de vin », « vinaigre de cidre » ou « vinaigre de bière » un produit ne provenant pas exclusivement de la fermentation acétique du vin, du cidre ou de la bière. Le minimum de teneur acétique fixé à l'article premier, n'est pas applicable aux produits naturels visés au présent paragraphe.

La désignation d'un vinaigre par simple adjonction d'un nom de localité ou de région viticoles ne peut s'appliquer qu'à des vinaigres e vin.

ART. 3. — Les mélanges de vinaigre provenant de boissons alcooliques avec des vinaigres d'alcool peuvent être désignés sous une dénomination faisant apparaître l'un des éléments du mélange, mais à la condition qu'une mention complémentaire fasse connaître exactement la proportion dans laquelle l'élément dénommé entre dans le mélange.

Les dénominations et mentions ci-dessus prévues doivent être imprimées en caractères identiques.

ART. 4. — Est interdit, dans la fabrication des vinaigres, l'emploi d'acide acétique, d'acide pyroligneux, d'acides minéraux et de vinasses.

Est également interdite l'addition aux vinaigres de ces mên.es produits.

Art. 5. — Ne constituent pas des manipulations frauduleuses aux termes de la loi du 1ᵉʳ août 1905 :

1° L'addition aux vinaigres de substances destinées exclusivement à les aromatiser ;

2° La coloration artificielle des vinaigres au moyen de caramel, de cochenille d'orseille ou de toute autre matière colorante dont l'emploi aura été déclaré licite par arrêté pris de concert par les Ministres de l'Agriculture et de l'Intérieur, sur avis du Conseil supérieur d'hygiène publique et de l'Académie de médecine.

Toutefois, en cas de coloration artificielle, afin d'éviter toute confusion dans l'esprit de l'acheteur, sur la nature des vinaigres du fait de leur coloration, la dénomination employée doit être accompagnée du qualificatif « coloré ». La dénomination et le terme « coloré » doivent être imprimés en caractères identiques.

Art. 6. — Dans les établissements où s'exerce le commerce de détail des vinaigres, il doit être apposé, d'une manière apparente, sur les récipients, emballages, casiers ou fûts, une inscription indiquant la dénomination sous laquelle les vinaigres sont mis en vente. Cette inscription doit être rédigée sans abréviation et disposée de façon à ne pas dissimuler la dénomination du produit.

Art. 7. — L'emploi de toute indication ou signe susceptible de créer dans l'esprit de l'acheteur une confusion sur la nature ou sur l'origine des produits visés au présent décret lorsque, d'après la convention où les usages la désignation de l'origine attribuée à ces produits devra être considérée comme la cause principale de la vente, est interdit en toutes circonstances et sous quelque forme que ce soit, notamment :

1° Sur les récipients et emballages ;

2° Sur les étiquettes, capsules, bouchons, cachets ou tout autre appareil de fermeture ;

3° Dans les papiers de commerce, factures, catalogues, prospectus, prix-courants, enseignes, affiches, tableaux-réclames, annonces ou tout autre moyen de publicité.

Art. 8. — Un délai de 6 mois, à dater de la publication du présent règlement, est accordé aux intéressés pour se conformer aux prescriptions des articles 2, 3, 5, 6 et 7 en ce qui concerne les inscriptions réglementaires.

Graisses et huiles comestibles

(Décret du 11 mars 1908)

ARTICLE PREMIER. — Il est interdit de détenir ou de transporter en vue de la vente, de mettre en vente ou de vendre :

1° Sous le nom de « Saindoux » tout produit ne provenant pas exclusivement des tissus adipeux du porc ;

2° Sous le nom de « Saindoux pure panne » tout produit ne provenant pas exclusivement de panne de porc.

Ces produits sont obtenus par l'extraction à chaud, ils perdent tout droit à ces appellations lorsqu'ils ont subi ultérieurement une manipulation susceptible de modifier leur composition naturelle ou leur teneur en principes utiles.

ART. 2. — Toute matière grasse comestible concrète à la température de 15 degrés, autre que le beurre et le saindoux vendue à l'état pur, peut être désignée sous le nom de « graisse » mais cette dénomination doit être complétée par l'indication de la matière animale ou végétale d'où la graisse est tirée.

Tout mélange concret à la température de 15 degrés de matières grasses comestibles pures, concrètes ou fluides, à l'exception des produits visés par l'article 2 de la loi du 16 avril 1897, doit être désigné sous une dénomination qui le distingue nettement des graisses pures visées au précédent paragraphe.

ART. 3. — Il est interdit de détenir ou de transporter en vue de la vente, de mettre en vente ou de vendre sous la dénomination « d'huile d'olive », de « noix » ou de tout autre fruit ou graine, avec ou sans qualificatif, une huile ne provenant pas exclusivement des olives, des noix ou des fruits ou graines indiqués dans la dite dénomination.

ART. 4. — Les dénominations usitées dans le commerce pour désigner soit les mélanges de graisses, soit les mélanges d'huiles comestibles peuvent être accompagnées de l'indication d'un ou de plusieurs des éléments constituant le mélange, mais à la condition que la mention complémentaire fasse connaître exactement la proportion dans laquelle le ou les éléments dénommés entrent dans le mélange.

Les dénominations et mentions ci-dessus prévues doivent être imprimées en caractères identiques.

ART. 5. — Il est interdit à toute personne se livrant au commerce des huiles de faire figurer sur ses étiquettes, marques, factures, papiers de commerce, emballages et récipients, l'indication « propriétaire à..... » « oléiculteur à..... » « négociant à..... ou commerçant à..... » suivie du nom d'une région ou d'une localité dans laquelle elle ne possède ni propriété, ni culture, ni établissement commercial ou industriel.

ART. 6. — L'emploi de toute indication ou signe susceptibles de créer dans l'esprit de l'acheteur une confusion sur la nature ou sur l'origine des produits visés au présent décret, lorsque, d'après la convention, ou les usages, la désignation de l'origine attribuée à ces produits devra être considérée comme la cause principale de la vente, est interdit en toutes circonstances et sous quelque forme que ce soit, notamment :

1° Sur les récipients et emballages ;

2° Sur les étiquettes, capsules, bouchons, cachets ou tout autre appareil de fermeture ;

3° Dans les papiers de commerce, factures, catalogues, prospectus, prix-courants, enseignes, affiches, tableaux-réclames, annonces ou tout autre moyen de publicité.

ART. 7. — Dans tous les établissements où s'exerce le commerce des graisses et des huiles comestibles, les produits mis en vente ou les récipients et emballages qui les contiennent doivent porter une inscription indiquant, en caractères apparents la dénomination sous laquelle ces produits sont mis en vente. Cette inscription doit être rédigée sans abréviation et disposée de façon à ne pas dissimuler la dénomination du produit.

L'inscription portée sur les récipients ou emballages dans lesquels la marchandise est livrée, doit indiquer en caractères apparents, soit le poids net, soit le poids brut et la tare d'usage.

ART. 8. — Le présent décret ne sera exécutoire que dans un délai de trois mois à dater de sa publication en ce qui concerne les articles 4, 5, 6 et 7.

Beurre et Margarine

(Loi du 16 avril 1897 modifiée par la loi du 23 juillet 1907)

ARTICLE PREMIER. — Il est interdit de désigner, d'exposer, de mettre en vente ou de vendre, d'importer ou d'exporter, sous le nom de beurre, avec ou sans qualificatif, tout produit qui n'est pas exclusivement fait avec du lait ou de la crème provenant de lait ou avec l'un et l'autre, avec ou sans sel, avec ou sans colorant.

ART. 2. — Toutes les substances alimentaires autres que le beurre, quelles que soient leur origine, leur provenance et leur composition, qui présentent l'aspect du beurre et sont préparées pour le même usage que ce dernier produit, ne peuvent être désignées que sous le nom de margarine.

La margarine ainsi définie ne pourra, dans aucun cas, être additionnée de matières colorantes.

ART. 3. — Il est interdit à quiconque se livre à la fabrication ou à la préparation du beurre de fabriquer et de détenir dans ses locaux, et dans quelque lieu que ce soit, de la margarine ou de l'oléo-margarine, ni d'en laisser fabriquer et détenir par une autre personne dans les locaux occupés par lui.

La même interdiction est faite aux entrepositaires, commerçants et débitants de beurre.

Les deux premiers paragraphes du présent article ne sont pas applicables aux sociétés coopératives d'alimentation qui ne font pas acte de commerce.

La margarine et l'oléo-margarine ne pourront être introduites sur les marchés qu'aux endroits spécialement désignés à cet effet par l'autorité municipale.

La quantité de beurre contenue dans la margarine mise en vente, que cette quantité provienne de barattage, du lait ou de la crème avec de l'oléo-margarine, ou qu'elle provienne d'une addition de beurre ne pourra dépasser 10 %.

ART. 4. — Toute personne qui veut se livrer à la fabrication de la margarine ou de l'oléo-margarine est tenue d'en faire la déclaration, à Paris à la préfecture de police, et dans les départements au maire de la commune où elle veut établir sa fabrique.

ART. 5. — Les locaux dans lesquels on fabrique ou conserve en dépôt et où l'on vend de la margarine ou de l'oléo-margarine doivent porter une enseigne indiquant, en caractèrees apparents d'au moins trente centimètres (0ᵐ30) de hauteur les mots « fabrique, dépôt ou débit de margarine ou d'oléo-margarine. »

ART. 6. — Les fabriques de margarine et d'oléo-margarine sont soumises à la surveillance d'inspecteurs nommés par le Gouvernement.

. . . .

ART. 9. — Les fûts, caisses, boîtes et récipients quelconque renfermant de la margarine ou de l'oléo-margarine doivent tous porter sur toutes leurs faces, en caractères apparents et indélébiles, le mot « margarine » ou « oléo-margarine ». Les éléments entrant dans la composition de la margarine devront être indiqués par des étiquettes et par des factures des fabricants et débitants.

Dans le commerce en gros, les récipients devront, en outre, indiquer en caractères très apparents le nom et l'adresse du fabricant.

En ce qui concerne la margarine destinée à l'exportation, le fabricant sera autorisé à substituer à sa marque de fabrique celle de l'acheteur, à la condition que cette marque porte en caractères apparents le mot « margarine ».

Dans le commerce de détail, la margarine ou l'oléo-margarine doivent être livrées sous la forme de pains cubiques avec une empreinte portant sur une des faces en caractères apparents et indélébiles, la même désignation ainsi que le nom et l'adresse du vendeur.

Lorsque ces pains seront détaillés, la marchandise sera livrée dans une enveloppe portant les dites inscriptions.

ART. 10. — La margarine ou l'oléo-margarine importées,

exportées ou expédiées doivent être, suivant les cas, mises dans des récipients de la forme et portant les indications mentionnées à l'article qui précède.

ART. 11. — Il est interdit d'exposer, de mettre en vente ou en dépôt et de vendre dans un lieu quelconque de la margarine ou de l'oléo-margarine sans qu'elles soient renfermées dans les récipients indiqués à l'article 9 et portant les indications qui y sont prescrites.

L'absence de ces désignations indique que la marchandise exposée, mise en dépôt ou en vente est du beurre.

ART. 12. — Dans les comptes, factures, connaissements, reçus de chemins de fer, contrat de vente et de livraison et autres documents relatifs à la vente, à l'expédition, au transport et à la livraison de la margarine ou de l'oléo-margarine, la marchandise doit être expressément désignée, suivant le cas, comme « margarine ou oléo-margarine ». L'absence de ces formalités indique que la marchandise est du beurre.

Surveillance des fabriques de Margarine ou d'Oléo-Margarine

(Décret du 9 novembre 1897 modifié par le décret du 29 août 1907)

ARTICLE PREMIER. — La déclaration exigée par l'article 4 de la loi du 16 avril 1897 de toute personne qui veut se livrer à la fabrication de l'oléo-margarine ou de la margarine est faite sur papier timbré et en double expédition.

Elle indique les nom, prénoms et domicile du fabricant et la nature des matières employées dans la fabrication, à la déclaration est joint un plan descriptif de la fabrique et de toutes ses dépendances, en simple expédition.

Il est immédiatement donné récépissé de cette déclaration et des plans annexes.

Pour les fabriques actuellement existantes la déclaration sera faite dans les huit jours de la publication du présent décret au *Journal Officiel.*

Pour les fabriques qui seront établies à l'avenir, elle sera faite un mois au moins avant le commencement de la fabrication.

ART. 2. — Dans les trois jours du dépôt de la déclaration, le maire de la commune transmet au préfet du département une des expéditions de la déclaration ainsi que les plans annexes.

Le Préfet du département transmet aussitôt ces pièces au Ministre de l'Agriculture.

Le Préfet de police transmet de même au Ministre les déclarations qui lui sont adressées directement.

Art. 3. — Aucune modification ne peut être apportée aux dispositions mentionnées dans la déclaration et les pièces qui y sont annexées sans avoir fait l'objet, huit jours au moins à l'avance, d'une déclaration dans les formes prévues à l'article premier ci-dessus.

Le changement du fabricant doit être déclaré dans les trois jours qui suivent la transmission de la fabrique.

Art. 4. — Chaque fabrique de margarine ou d'oléo-margarine est placée d'une manière permanente sous la surveillance d'un ou de plusieurs inspecteurs spéciaux, désignés à cet effet par le Ministre de l'Agriculture, conformément à l'article 27 du présent décret.

Les heures d'ouverture et de fermeture de la fabrique sont déclarées aux inspecteurs par le propriétaire ou le gérant ; toute modification dans ces heures leur est notifiée au moins 48 heures à l'avance. Tout travail est interdit en dehors des heures déclarées.

Les locaux dépendant de la fabrique, ateliers, magasins, caves, celliers, greniers, etc., sont ouverts en permanence aux inspecteurs pendant la durée du travail, et doivent leur être ouverts en dehors de cette durée, sur leur réquisition.

Art. 5. — Toute entrée de matières premières destinées à la production de la margarine doit être inscrite par le fabricant sur un registre spécial qui en indique la provenance.

Les inspecteurs vérifient l'exactitude des indications portées à ce registre et examinent les matières premières pour s'assurer de leur innocuité.

Art. 6. — Les inspecteurs s'assurent que la proportion de beurre autorisée part l'article 3 de la loi du 16 avril 1897 n'est pas dépassée et qu'il n'est fait aucune addition de matière colorante, soit directement, soit indirectement.

Art. 7. — Toute expédition de margarine ou d'oléo-margarine faite par une fabrique doit être inscrite sur un registre spécial.

Les inspecteurs constatent la sortie et s'assurent que les récipients et étiquettes sont conformes aux prescriptions de l'article 9 de la loi.

Art. 8. — Sont placés sous la surveillance des agents désignés à cet effet par l'administration, et soumis à leur inspection, les dépôts et débits de margarine et d'oléo-margarine, les locaux où l'on fabrique pour la vente et ceux où l'on prépare et vend du beurre.

Art. 9. — Dans les halles et marchés, les pavillons, comptoirs et endroits quelconques affectés au déchargement et à la vente de la margarine et de l'oléo-margarine doivent être séparés de ceux réservés au déchargement et à la vente du beurre par une distance suffisante pour prévenir toute tentative de fraude.

Engrais et anticryptogamiques

(Loi du 8 juillet 1907)

ARTICLE PREMIER. — La lésion de plus d'un quart dans l'achat des engrais ou amendements qui font l'objet de la loi du 4 février 1888 et des substances destinées à l'alimentation des animaux de la ferme donne à l'acheteur une action en réduction de prix et dommages-intérêts.

ART. 2. — Cette action doit être intentée, à peine de déchéance dans le délai de quarante jours à dater de la livraison. Ce délai est franc. Elle demeure recevable, nonobstant l'emploi partiel ou total des matières livrées.

ART. 3. — Nonobstant toute convention contraire qui sera nulle de plein droit, cette action est de la compétence du juge de paix du domicile de l'acheteur, quelque soit le chiffre de la demande et sous réserve du droit d'appel au dessus de 300 francs.

* * *

(Décret du 10 mai 1889)

ARTICLE PREMIER. — Tout vendeur d'engrais ou amendement autre que l'un de ceux mentionnés l'article 5 de la loi du 4 février 1888 (fumiers, matières fécales, composts, gadoues ou boues de ville, déchets de marchés, résidus de brasserie, varechs et autres plantes marines pour engrais, déchets frais d'abattoirs, marne, faluns, tangue, sables coquilliers, chaux, plâtres, cendres ou suies provenant des houilles ou autres combustibles) est tenu d'indiquer, soit dans le contrat de vente, soit dans le double de la Commission délivré à l'acheteur au moment de la vente, soit dans une facture remise ou envoyée à l'acheteur au moment de la livraison ou de l'expédition de l'engrais ou amendement :

1° Le nom du dit engrais ou amendement ;

2° Sa nature ou la désignation permettant de le différencier de tout autre engrais ou amendement ;

3° Sa provenance, c'est-à-dire le nom de l'usine ou de la maison qui l'a fabriqué ou fait fabriquer, s'il s'agit d'un produit industriel, ou le lieu géographique d'où il est tiré s'il s'agit d'un engrais naturel soit pur, soit simplement trié et pulvérisé.

ART. 2. — Les indications prescrites par l'article qui précède doivent être complétées par la mention de la composition de l'engrais ou amendement.

Cette composition doit être exprimée par les poids des éléments fertilisants contenus dans 100 kilogrammes de la marchandise facturée, telle qu'elle est livrée et dénommée ci-après :

Azote nitrique ;

Azote ammoniacal ;

Azote organique ;

Acide phosphorique en combinaison soluble dans l'eau ;

Acide phosphorique en combinaison dans le citrate d'ammoniaque ;

Acide phosphorique en combinaison insoluble ;

Potasse en combinaison soluble dans l'eau.

Pour l'azote organique et la potasse en combinaison soluble dans l'eau, l'origine ou l'indication de la matière première dont ils proviennent doit être mentionnée.

Dans tous les cas, la teneur par 100 kilogrammes d'engrais ou amendement est exprimée en azote élémentaire (Az), en acide phosphorique anhydride (Ph O ^{5}) et en potasse anhydre (KO).

Les mots « pour cent » dans l'indication du dosage doivent être exprimés en toutes lettres.

Art. 3. — Lorsque la vente est faite avec stipulation du règlement du prix d'après l'analyse à faire sur échantillon prélevé au moment de la livraison, l'indication de la composition de l'engrais ou amendement, telle qu'elle est exigée par l'article 2 qui précède n'est pas obligatoire ; mais le vendeur est tenu d'indiquer en outre des prescriptions de l'article premier le prix du kilogramme des fertilisants contenus dans l'engrais et désignés à l'article 2.

De plus pour l'azote organique et la potasse en combinaison soluble dans l'eau, l'origine avec l'indication de la matière première dont ils proviennent doit être mentionnée.

Les prix se rapportent toujours au kilogramme d'azote élémentaire (Az) d'acide phosphorique anhydre (Ph O ^{5}) et de potasse (KO).

Produits cupriques anticryptogamiques

(Loi du 4 août 1903)

Article Premier. — Seront punis d'une amende de 15 francs à 25 francs inclusivement ceux qui ; au moment de la vente ou de la livraison de produits cupriques anticryptogamiques, matières premières ou composées, n'auront pas fait connaître à l'acheteur sur le bulletin de vente, en même temps que sur la facture, la teneur en cuivre pur contenu par 100 kilogrammes de matière facturée telle qu'elle est livrée.

Toutefois lorsque la vente aura été faite avec stipulation du prix d'après l'analyse à faire sur l'échantillon prélevé au moment de la livraison, l'indication préalable de la teneur exacte ne sera pas obligatoire ; mais la mention du prix du kilogramme de cuivre pur devra être faite, soit sur la lettre d'avis, soit sur la facture délivrée à l'acheteur.

OBSERVATIONS GÉNÉRALES
INTERPRÉTATION

TROMPERIES SUR LA QUANTITÉ

Diverses denrées vendues dans des sacs, boîtes récipients paquets, portent parfois une indication de poids sans qu'il soit précisé s'il s'applique au poids brut ou au poids net.

Il y a là une tentative de tromperie sur la quantité, l'acheteur étant en droit de considérer que le poids indiqué est celui de la marchandise offerte, c'est-à dire le poids net.

De ce fait l'article premier et l'article 2 de la loi du 1er août 1905 sont applicables.

Peut encore être considéré comme une tentative de tromperie sur la quantité, le fait d'indiquer sur les caisses, boîtes, paquets, etc., dont il s'agit le poids brut seulement, car la tare, c'est-à-dire le contenant peut être beaucoup plus élevé que le suppose l'acheteur. Cependant on ne saurait voir dans cette insuffisance une intention frauduleuse à moins que le récipient n'ait un poids tout à fait anormal, c'est-à-dire exagéré.

A part ce cas exceptionnel, il n'y a pas infraction lorsque les emballages préparés portent l'indication du poids brut et lorsqu'un règlement spécial n'exige que la tare d'usage soit également indiquée. Cette prescription n'existe actuellement que pour les graisses et les huiles comestibles dont les emballages et récipients doivent porter l'indication du poids net, ou celle du poids brut et de la tare d'usage.

Pour certaines denrées qui se vendent au poids dans des sacs, feuilles de papier ou récipient, le vendeur est tenu de peser la quantité demandée par l'acheteur.

La tare du récipient, du sac ou du papier dans lequel doit être mis la marchandise demandée, doit donc être faite, ou alors il y aurait tentative de tromperie sur la quantité.

Toutefois si le vendeur ajoute à sa marchandise un supplément pour compenser le fait de ne pas avoir procédé à la tare, il n'y a plus tromperie sur la marchandise livrée et enfin il y a lieu de tenir compte du consentement de l'acheteur et des usages locaux.

D'autres denrées, telles que le beurre, sont parfois offertes à l'acheteur, en pains dont la forme, conformément aux usages du pays, est indicative d'un poids déterminé. Aucune mention de quantité ne doit figurer sur ces pains qui sont donnés comme étant de 500, 250 ou 125 grammes, sans être pesés à nouveau au fur et à mesure de la vente.

Toutefois il y aurait tromperie s'il existait un grand écart systé-matique et non accidentel entre la marchandise livrée et le poids qu'elle devrait avoir réellement.

Boulangerie

En ce qui concerne le pain proprement dit, il n'en est plus de même. De nombreuses expériences ont démontré l'impossibilité pour les boulangers de fabriquer des pains d'un poids rigoureusement déterminé. Ce fait provient soit de la quantité d'eau employée pour faire la pâte, soit de la cuisson du pain qui varient assez souvent.

Donc le fait de mettre en vente des pains qui n'auraient pas le poids qui paraît résulter de leur forme ou de leur dénomination n'est pas une tentative de tromperie. Les pains de 6 livres, de 4 livres ne pèsent pas nécessairement 3 kilos ou 2 kilos.

Pour éviter toute infraction il y a lieu de peser le pain au moment de la vente, car l'acheteur peut supposer qu'en raison de sa forme et de sa dénomination le pain qu'il achète pèse un poids déterminé, tandis qu'il n'en est rien.

Pour les pains qui sont livrés à domicile, le pesage devrait être fait avant la livraison ou au moment de la livraison, mais en l'absence d'un règlement sur la matière, il y a lieu de tenir compte soit des usages locaux, soit des arrêtés municipaux.

Pour les pains de luxe et de fantaisie, il est généralement admis qu'ils peuvent être vendus à la pièce, c'est-à-dire sans aucune garantie de poids. L'acheteur et le fournisseur sont toutefois libres de faire des conventions contraires. Il y a également lieu de s'en tenir aux usages du pays et aux arrêtés municipaux.

Récipients, Litres, Bouteilles.

La forme de certains récipients est indicatrice de leur volume, telles que les bouteilles ayant la forme dite *litre*.

Quand les boissons sont livrées à l'acheteur dans ces bouteilles il est en droit de croire que la quantité de marchandise vendue est bien de *un litre*.

Il y aurait donc infraction si les *litres* détenus dans un établissement de vente quelconque avaient une contenance inférieure à 98 centilitres, mesurée au ras du goulot. Toutefois ce fait constaté sur un litre seul ne peut donner lieu à poursuite.

D'après la loi du 13 juin 1866, la bouteille dite de Bordeaux doit avoir une contenance de 75 centilitres aux maximum, les bouteilles dites Bourguignonnes, Maconnaises ou dites de Champagne, doivent avoir une contenance minimum de 80 centilitres.

Semences, Tourteaux, Fourrages concentrés.

La loi du 1er août 1905 est applicable au commerce de semences, tourteaux, fourrages concentrés. Chaque prélèvement doit comporter également la prise de quatre échantillons aussi identiques que possible.

Toutes les graines sans exception sont susceptibles d'être prélevées ; de préférence cette opération a lieu sur celles qui sont le plus en usage dans l'agriculture, telles que : luzerne, trèfles, graminées de prairies (ray-grass, fétuques, dactyles, etc.,) mélanges ou compositions pour prairies — lotier corniculé, avoine jaunâtre, maïs, etc.

En ce qui concerne les luzernes et les trèfles afin d'éviter des suspicions il y a lieu d'indiquer si ces graines sont vendues décuscutées ou non, c'est-à-dire si elles sont dépouillées complètement de matières étrangères. A l'analyse, la pureté et la germination des graines de toutes sortes doivent donner de bons résultats pour qu'il n'y ait pas infraction à la loi du 1er août 1905.

Soufrage des Graines Légumineuses.

Le soufrage ainsi que les traitements variés de graines défectueuses en vue de leur donner une fausse couleur sont interdits. Ces divers traitements donnent une fausse apparence de fraîcheur aux graines, tout en diminuant leur vitalité. L'effet de cette opération est donc doublement condamnable, puisqu'elle a pour but de tromper l'acheteur sur la qualité d'une marchandise dont elle abaisse encore la valeur.

Charcuterie.

Dans la composition des produits de charcuterie tels que : pâtés, saucisses, boudins, saucissons, etc..... il ne doit y rentrer, à part les assaisonnements reconnus nécessaires, aucune viande étrangère à celle du porc. L'introduction de farines de céréales dans des saucisses est une infraction. Il en est de même en ce qui concerne les boudins noirs qui doivent ne contenir que du sang de porc et de la viande de porc et non du sang de bœuf ou du sang de veau comme cela arrive fréquemment.

En ce qui concerne les boudins blancs, qui dans certains pays sont faits à l'aide d'œufs, de mie de pain et de viande de porc, il ne peut y avoir infraction ni tromperie, car au lieu de diminuer la qualité du produit, l'addition des œufs et de la mie de pain ne fait que l'améliorer.

La fabrication de certains autres produits, tels que saucisses dites *hippiques*, galantine de volaille, etc., est également permise, mais à la condition toutefois, que ces marchandises soient vendues comme telles.

Les saindoux et les graisses alimentaires font l'objet du décret du 11 mars 1908, inséré dans cette brochure (prière de s'y reporter), ainsi qu'à l'interprétation qui figure sous la rubrique « épicerie ».

Épicerie

Tous les produits d'épicerie concernant l'alimentation sont susceptibles d'être prélevés en exécution de la loi du 1er août 1905. Il est donc inutile d'énumérer pour chaque produit les infractions qui peuvent être commises, nous allons parler simplement des denrées dont ont se sert le plus souvent : le café, le poivre, le chocolat, les graisses alimentaires, les saindoux, les huiles comestibles.

CAFÉ. — Il est interdit de mélanger de la chicorée au café moulu. Des poursuites ont été exercées contre des commerçants qui prétextaient pouvoir faire ce mélange demandé par leur clientèle.

POIVRE. — Le poivre moulu est un des produits le plus falsifié. Les analyses faites jusqu'à ce jour ont révélé l'existence dans la moitié des prélèvements opérés, soit de grignons d'olive pulvérisés, soit de produits ligneux tels que coques de noisettes, soit de farines de céréales, soit de grabeaux, et cela dans les énormes proportions de 20 à 50 %,

Il est donc interdit de vendre ou de mettre en vente des poivres ainsi mélangés. De plus il est également interdit à tous commerçants de détenir ou de vendre des grabeaux pour l'usage de la falsification des poivres.

CHOCOLAT. — Le chocolat le plus fraudé est le chocolat dit « sans apprêt » c'est-à-dire celui qui sert le plus souvent à préparer le petit déjeuner et qui est vendu sous cette dénomination. Les résultats des analyses opérées pour ce produit ont démontré qu'il contient du sucre, ce qui lui fait perdre sa dénomination exacte, et de plus des farines de céréales y sont mélangées. Il y a donc dans ces procédés de fabrication, tromperies sur la qualité de la marchandise vendue.

SAINDOUX. — GRAISSES ALIMENTAIRES. — La dénomination de saindoux doit être réservée à la graisse provenant exclusivement du porc, mais si elle a subi une addition quelconque d'une matière grasse comestible, elle perd sa dénomination et devient alors une graisse mélangée. Le passage à la presse qui a pour résultat de modifier sa composition lui fait perdre le nom de saindoux.

Dans certains pays la dénomination de graisse tout court, est synonyme de saindoux, il y aura lieu en cas de prélèvements d'attirer l'attention des agents verbalisateurs sur cet usage.

Lorsqu'une matière grasse concrète à la température de 15 degrés est vendue à l'état pur, c'est-à-dire sans être mélangée de graisse ou d'huile, elle doit être dénommée graisse, suivie de l'indication de la matière animale ou végétale d'où elle est tirée. Exemple : graisse de veau.

D'un autre côté la désignation d'origine n'est pas obligatoire lorsque la matière n'est pas vendue comme graisse quand elle est extraite du coprah du coco, elle peut être désignée sous un nom de fantaisie *cocose*.

Lorsque les mélanges de graisses entre elles ou d'huiles végétales ont la ressemblance du beurre, elles doivent porter le nom de *margarine*, leur fabrication et leur vente sont alors réglementées par la loi du 16 avril 1897.

Quand, au contraire ces mélanges ressemblent au saindoux, ils peuvent être dénommés, graisse mélangée, graisse comestible, graisse alimentaire.

Il n'est pas interdit d'ajouter à ces dénominations qu'elles sont constituées par un mélange de graisses animales et d'huiles végétales, mais dans ce cas une mention complémentaire devra faire connaître exactement la proportion des produits rentrant dans ces mélanges ainsi : graisse alimentaire contenant 25 o/o de saindoux.

HUILES COMESTIBLES. — Les huiles comestibles pures peuvent, ainsi que les mélanges des huiles comestibles pures, entre elles, être désignés sous le nom *huile* suivi des qualificatifs usités dans le commerce; blanche, surfine, de table, comestible, etc., ou sous le nom d'huiles de graines lorsqu'il s'agit d'un mélange d'huiles provenant de graines oléagineuses. Quant à l'épithète de vierge elle ne peut convenir qu'aux huiles non mélangées, aux huiles pures.

De même que pour les graisses, si la désignation du produit est accompagnée de l'indication d'un ou plusieurs éléments constituant le mélange la proportion exacte de ces éléments devra être indiquée.

Ainsi huile surfine à l'olive doit être complétée de façon apparente par les mots suivants, contenant 75 o/o d'olive ou 50 o/o d'olive.

Les huiles comestibles pures peuvent être vendues sous leur véritable nom, huile de sésame, huile d'arachide, huile d'olive, huile de noix.

L'indication sur chaque bouteille, récipient, *de la tare, du poids net* ou *du poids brut* doit être faite d'une façon exacte.

Dans certains pays où les huiles sont vendues au volume il y a lieu de remplacer ces indications par la désignation exacte *du volume* de *l'huile*.

Des inscriptions en caractères apparents doivent figurer sur tous les emballages et récipients d'huiles et de graisses existant dans les magasins de vente directe au consommateur ou à l'acheteur au détail.

Ces inscriptions ne sont pas exigibles dans les fabriques et les ateliers et magasins ou les graisses et les huiles sont préparées ou vendues en gros.

Boucherie.

Comme les autres commerçants de l'alimentation, les bouchers sont susceptibles d'être poursuivis par application de la loi du 1er août 1905. Des prélèvements peuvent donc être faits dans leurs magasins, dans les abattoirs, halles, marchés, sur la voie publique, mais ils ont lieu le plus souvent sur des marchandises inférieures qui sont vendues pour des marchandises de première qualité et sur des viandes avariées.

Nous prions donc Messieurs les bouchers de se reporter aux articles 1, 2, 3 et 4 de la dite loi.

Pâtisserie, Confiserie.

La pâtisserie ainsi que la confiserie sont soumises à l'application de la loi du 1ᵉʳ août 1905 en ce qui concerne tous les produits destinés à l'alimentation.

Il en est un dont il est nécessaire d'appeler l'attention des pâtissiers et confiseurs ; les « dragées ». Ce produit qui est fabriqué de plusieurs façons contient une matière « poudre d'amidon » qui pourrait le rendre susceptible de poursuites.

De nombreux prélèvements ont déjà été faits. En effet l'analyse a révélé que la plupart de ces dragées étaient enrobées et glacées à l'aide de sucre et de poudre d'amidon.

Les experts consultés à ce sujet répondirent qu'il était indispensable pour leur conservation d'opérer de la sorte. Il va sans dire que la poudre d'amidon ne doit rentrer que dans une minime proportion dans cette opération.

Il n'y a donc pas intention frauduleuse en agissant ainsi pour la fabrication des dragées.

Pharmacie.

L'article 3 de la loi du 1ᵉʳ août 1905 est applicable aux substances médicamenteuses.

Pour la composition et la fabrication des médicaments, il y a lieu de s'en tenir exactement au formulaire légal ou « Codex ».

Nous citerons pour mémoire le résultat des deux analyses : *teinture de kola*, et *teinture de quinquina*, prélevées chez un pharmacien n'ayant pas suivi ces prescriptions et qui a été condamné à 1,000 francs d'amende sans sursis, la loi Bérenger n'étant pas applicable dans la répression des fraudes.

TEINTURE DE KOLA (conclusions de l'analyse)

« N'est pas conforme aux prescriptions du formulaire légal, est deux fois et demi plus faible que la teinture normale, en alcool et principes solubles de la noix de Kola. »

TEINTURE DE QUINQUINA (Conclusions de l'analyse)

« Cette teinture n'est pas conforme à celle du Codex. Elle ne contient guère plus de la moitié de l'alcool et des principes du quinquina existant dans le produit médicinal bien préparé. »

Indépendamment des prélèvements opérés en vertu de cette loi les pharmacies, les drogueries, les épiceries, les fabriques et dépôts d'eaux minérales, les parfumeries sont soumis à une visite annuelle faite par des inspecteurs généralement choisis parmi les pharmaciens et les commissaires de police.

Vins, Vins mousseux, Eaux-de-Vie et Spiritueux

Dans tous les locaux d'un établissement de détail ouvert à l'acheteur il est nécessaire que chaque lot de marchandise, chaque casier et chaque fût porte la dénomination sous laquelle les produits qu'il contient sont vendus.

En ce qui concerne les vins de *consommation courante*, les bouteilles extraites de ces casiers ou celles qui sont remplies au fût peuvent cependant être livrées sans étiquettes à l'acheteur.

Tant qu'aux vins dont la *désignation* d'origine est la cause principale de la vente, les vins de crus déterminés, qui ne sont pas par conséquent de consommation courante il y a lieu, aussitôt qu'elle est enlevée de son casier pour être livrée au consommateur, de munir la bouteille d'une étiquette contenant les mêmes indications imprimées ou manuscrites que celles portées sur le casier dont elle provient.

Pour les eaux-de-vie il y a lieu de mettre des étiquettes règlementaires sur toutes les bouteilles, les fioles, les carafons livrés, soit pour être emportés, ou pour la consommation dans l'établissement même, qu'elles contiennent des produits de consommation *courante* ou *non*.

L'indication de l'origine et de la nature des produits à vendre n'est pas obligatoire.

Le commerçant peut s'il le veut, ne mentionner que les indications dont il est certain et sous sa responsabilité.

Un commerçant qui vend un vin à o fr. 70 le litre peut se contenter d'indiquer sur le fût « vin à o fr. 70 centimes le litre » sans mentionner son origine, s'il a des doutes à cet égard ; mais s'il annonce « vin de Bourgogne à o fr. 70 centimes le litre » il est entendu que sous réserve du recours qu'il peut exercer contre son fournisseur, il engage sa responsabilité quant à l'origine du produit. L'apposition dans son établissement, d'une pancarte annonçant aux clients que tous les produits vendus par lui sont de *fantaisie* ne saurait le dispenser de l'obligation qui lui est faite de revêtir les produits mis en vente des inscriptions règlementaires.

Il est bien entendu que les qualificatifs *fantaisie* doivent figurer sur les étiquettes en caractère de même dimension que ceux employés pour la désignation du produit.

Sur les papiers de commerce, catalogues, affiches, prix-courants et notamment sur les cartes des vins dans les hôtels et restaurants les *vins mousseux de Champagne*, les *vins mousseux en général* et les *vins gazéifiés* ne doivent pas être confondus sous la même rubrique ils doivent être séparés nettement en *trois groupes*.

PRODUITS ŒNOLOGIQUES. — Un négociant ou un producteur qui soumet un vin ou une eau-de-vie à un traitement comportant l'addition d'un produit quelconque doit connaître exactement la nature du dit produit, car cette opération engage sa responsabilité.

Les fabricants de produits destinés au traitement des vins et eaux-de-vie, sont obligés d'indiquer sur les étiquettes et dans les prospectus qui les accompagnent, la nature et leur composition lorsqu'ils renferment les substances ci-après dont l'emploi n'est légal qu'à dose limitée :

Anhydride sulfureux ;

Sulfites alcalins ;

Acide citrique (O g 5 par litre n'est pas considéré comme frauduleux).

La Roche-sur-Yon. — Imprimerie Moderne, E. HAMONNET, 7, Rue Paul-Baudry.

FÉDÉRATION DU LIVRE
MARQUE SYNDICALE

www.ingramcontent.com/pod-product-compliance
Ingram Content Group UK Ltd.
Pitfield, Milton Keynes, MK11 3LW, UK
UKHW021022120726
13693UKWH00005B/2133